FÊTE

DE

LA JEUNESSE.

FÊTE

DE

LA JEUNESSE,

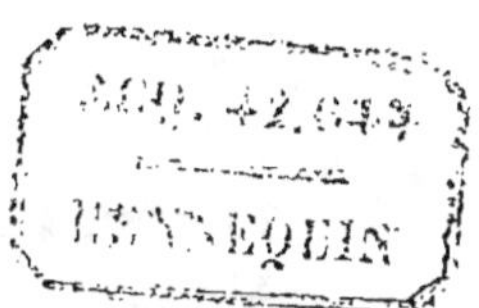

Célébrée par l'ADMINISTRATION MUNICIPALE du 5.ᵉᵐᵉ Arrondissement du Canton de Paris, le 20 Germinal, an 7ᵉᵐᵉ. de la République Française, une et indivisible.

SCÈNE.

Paroles du Citoyen GUI.

Musique du Citoyen KALBRENER.

On commence par entendre une douce symphonie.

PREMIER CORIPHÉE.

Récitatif.   (1ᵉʳᵉ. Partie.)

QUELS sons harmonieux font retentir les airs ?....
D'où partent ces chants d'allégresse ?....
C'est la Fête de la Jeunesse ;
Par elle semble éclore un nouvel univers.

(4)

A I R.

O vous, l'espoir de la Patrie !
Vous dont elle attend son appui,
Accourez, Jeunesse chérie,
C'est vous qu'on célèbre aujourd'hui.
Tel qu'un chêne, au naissant feuillage,
Doit devenir un jour l'ornement des côteaux,
Tels aussi, croissant avec l'âge,
Vous offrirez au monde un peuple de héros.

SECOND CORIPHÉE.

Récitatif. (2eme. *Partie*).

Combien votre aimable présence
Réveille dans les cœurs de touchans souvenirs !
L'homme retrouve en vous sa première innocence,
Et ses premiers penchants, et ses premiers désirs.
Le vieillard qui se mêle aux jeux de votre enfance,
Semble oublier le poids des ans
Et reprendre une autre existence,
Lorsqu'il se sent presser de vos bras caressans.
O brillante Jeunesse! orgueil de vos parens,
Venez combler leur espérance :
Venez semer des fleurs sur leurs derniers momens.
Recevez sous leurs yeux la douce récompense
Des vertus, des mœurs, des talens.

C H œ u r.

Jeunes plantes ! croissez pour le bonheur du monde.
Que vos fruits seront beaux en leur maturité !
    Le Soleil de la Liberté
    Est l'Astre heureux qui vous féconde.
De ses feux bienfaisans cet Astre vous inonde.
Sur le monde , à grands flots , reversez sa clarté.

PREMIER CORIPHÉE.   (3eme. *Partie*).

Je lis dans l'avenir vos hautes destinées.
    Nés Français , nés Républicains ,
Le nombre des exploits , réservés à vos mains ,
Surpassera bientôt celui de vos années.

          (*On entend une musique guerrière.*)

A I R.

Quel bruit a frappé les échos !...
C'est le signal de la Victoire.
Courez , volez , jeunes héros.
Pour vous quelle moisson de gloire !
Malgré leurs efforts impuissans ,
Des rois la ligue recommence ;
Courez , volez à la vengeance ;
Et périssent tous les tyrans !

PREMIER CORIPHÉE.

Récitatif.

Parmi vous , s'il était un lâche
Qui, sourd à la voix du devoir,
De la mère-Patrie osât trahir l'espoir,
Qu'à son nom l'opprobre s'attache :
Qu'il soit déshérité du beau nom de Français
Et ne partage point l'honneur de vos succès !
Qu'ai-je dit ? dans vos rangs je cherche en vain ce traître.
Devant les ennemis, vous brûlez de paraître ;
Vous brûlez de les voir vaincus.
C'en est fait , vous partez , ils ne sont déjà plus.
Déjà je vois de loin vos enseignes flottantes.
Vous revenez vainqueurs au sein de vos foyers ,
Et là vous retrouvez vos fidelles amantes
Qui joignent sur vos fronts les myrthes aux lauriers.

CHŒUR GÉNÉRAL.

Oui, nous voyons déjà vos enseignes flottantes.
Vous revenez vainqueurs au sein de vos foyers ,
Et là vous retrouvez vos fidelles amantes
Qui joignent sur vos fronts les myrthes aux lauriers.

ROMANCE,

Paroles du C^{en}. PLANCHER-VALCOUR,

Musique du C^{en}. LEBLANC.

ENFANS d'un Peuple de héros,
Salut, espoir de la Patrie!
Vous dont une mère attendrie
De fleurs entoura les berceaux!
Bientôt toutes seront écloses;
Plus d'épines à redouter;
Nos mains savent les écarter,
Pour vous laisser cueillir les roses.

DANS le vase amer des douleurs
Vos pères puisaient l'existence,
Et jusqu'au jour de la vengeance
Ils ne s'abreuvaient que de pleurs.
A peine au banquet de la vie
Vous placez-vous à leur côté...
Vos lèvres, de la LIBERTÉ
Savourent la douce ambroisie.

Que de vos cœurs reconnaissans
Jamais ce bienfait ne s'efface !
Que votre exemple le retrace
A l'Univers, à vos enfans !
Fiers d'une existence nouvelle,
Sous les lois de l'ÉGALITÉ,
Vivez, mais pour la LIBERTÉ ;
Vos pères moururent pour elle.

D'HOUDON saisissez le cizeau,
De COCHIN le burin magique,
De ROUSSEAU la plume énergique,
De DAVID le mâle pinceau.
Partout la gloire vous appelle,
Ranimez les Arts éperdus ;
Mais surtout ayez des vertus.... ;
La RÉPUBLIQUE est immortelle.

COUPLETS

CHANTÉS PAR LES ÉLÈVES

DU MUSÉE D'ÉMULATION.

Paroles du Citoyen VERRON, Directeur dudit Musée.

Musique du Citoyen GÉRARD, Professeur.

CHŒUR DES ÉLÈVES.

CHANTONS, célébrons la Jeunesse,
Riante image du printemps.
Pour la fêter, la Nature s'empresse
De féconder ses vertus, ses talens.

UNE CITOYENNE.

La tendre fleur, l'ornement des campagnes,
A quelquefois besoin de doux abris.
Faible Jeunesse, adopte pour compagnes,
Grâces, Vertus ! le mérite a son prix.

CHŒUR.

Chantons, célébrons la Jeunesse,
Riante image du printemps.
Pour la fêter, la Nature s'empresse
De féconder ses vertus, ses talens.

UNE CITOYENNE.

Vaine folie, inconstance légère,
Peut éblouir, mais pour quelques instans;
Jeunesse sage, et qui veut toujours plaire,
Doit préférer l'estime aux faux brillans.

CHŒUR.

Chantons, célébrons la Jeunesse,
Riante image du printemps.
Pour la fêter, la Nature s'empresse
De féconder ses vertus, ses talens.

UNE CITOYENNE.

Sans affecter une austère sagesse,
Sachons dompter de trop fougueux désirs.
Quand la vertu, de nos cœurs est maîtresse,
Nous jouissons des seuls, des vrais plaisirs.

CHŒUR.

Chantons, célébrons la Jeunesse,
Riante image du printemps.
Pour la fêter, la Nature s'empresse
De féconder ses vertus, ses talens.

UNE CITOYENNE.

Destin heureux ! au sortir de l'Enfance
La Liberté couronne nos essais !
Les Gouvernans de notre illustre France,
Par leur exemple, excitent nos succès.

Chœur.

Chantons, célébrons la Jeunesse,
Riante image du printemps.
Pour la fêter, la Nature s'empresse
De féconder ses vertus, ses talens.

F I N.

De l'Imprimerie de Delance, rue de la Harpe, N°. 133.